Irmgard Lang

Osterbasteln in der Krabbelgruppe

Inhalt

Bevor es losgeht

Das ganze Jahr hindurch steht uns das Ei als Lebensmittel zur Verfügung und in der Osterzeit gewinnt es durch die verschiedenen Osterbräuche noch mehr an Bedeutung.

Nicht nur rohe oder gekochte Eier bilden die Grundlage für Bastelarbeiten, Eier gibt es mittlerweile aus den verschiedensten Materialien. Plastikeier, Styroporeier oder Watteeier eignen sich schon für ganz kleine Bastelhände. Vor allem sind sie stabiler als Hühnereier und lange haltbar.

Die Ideen in diesem Buch eignen sich zum Nacharbeiten für alle Altersgruppen. Den »Küken« unter den Bastlern stehen bei dem einen oder anderen Arbeitsschritt Erwachsene bei, wenn zum Beispiel mit lösungsmittelhaltigem Flüssigklebstoff, dem Bastelmesser, der Lochzange oder dem Tacker umgegangen werden muss oder wenn es darum geht, rutschige Kulleraugen genau zu platzieren.

Das benötigte Material ist in gängigen Bastel- oder Schreibwarengeschäften erhältlich. Baumärkte bieten ebenfalls interessante Bastelutensilien an. Viele der vorgeschlagenen Materialien sind aber auch in jedem Haushalt vorhanden.

Einige Vorschläge dieses Buches lassen sich gut für Festivitäten über das Osterfest hinaus verwenden, zum Beispiel der Frosch (Seite 29) oder die Blumengirlande (Umschlaginnenseite) für ein Sommerfest. Für eine Geburtsanzeige eignet sich das Küken, das aus dem Ei schlüpft (Seite 20), und der Marienkäfer auf dem Blatt (Seite 14) ist eine nette Geburtstagseinladung.

Ihnen wird beim Betrachten der Objekte bestimmt noch die eine oder andere Veränderungs- oder Ergänzungsidee einfallen, die ganz individuell auf Ihre kleinen Bastelpartner oder den gegebenen Anlass zugeschnitten ist.

Material und Hilfsmittel

Watteeier
sind etwa so groß wie Hühnereier. Sie bestehen aus gepresster Watte und können in ihrer Form verändert werden, indem sie halbiert oder flach gedrückt werden. Daraus ergeben sich wieder viele neue Gestaltungsmöglichkeiten.

Styroporeier
sind in unterschiedlichen Größen erhältlich. Styropor ist recyclebar. Da das Styroporei über ein geringes Gewicht verfügt, eignet es sich ideal für die Osterdekoration, selbst zum Aufhängen an sehr dünnen Zweigen.

Plastikeier
aus dünnem Kunststoff sind etwa 6,5 mal 5 cm groß. Am dickeren Ende sind sie mit einem kleinen Loch versehen.

Überraschungseier
aus Plastik findet man in jedem Schokolade-Überraschungsei.

Bastelfedern
gibt es in Mischpackungen zu etwa 100 g in vielen Farben und verschiedenen Größen. In Bastelläden erhalten Sie die Federn auch nach Farben sortiert in kleineren Mengen.

Tonpapier
ist in verschiedenen Größen und Farben erhältlich.

Fotokarton
ist doppelt so dick wie Tonpapier und ebenfalls in vielen Farben erhältlich.

Moosgummi
eignet sich für alle Altersgruppen. Er lässt sich vielseitig verarbeiten und mit anderen Materialien kombinieren. Moosgummi fühlt sich immer warm an, er ist weich, abwaschbar und ungiftig. Moosgummiplatten sind in verschiedenen Dicken und in den unterschiedlichsten Farben erhältlich. Jüngere Kinder brauchen beim Zuschneiden etwas Hilfe.

Fasermaler (zum Beispiel von E. Faber) mit einer dicken und einer dünnen Spitze.

Wasserfeste Filzstifte

gibt es in vielen Farben und Minenstärken (zum Beispiel von Edding). Sie verwischen nicht und haften auf fast allen anderen Farben.

Klarlack

ist ein lösungsmittelhaltiger Lack, der schnell transparent trocknet. Es gibt ihn hochglänzend und matt. Er dient als Überzug für wässrige Farben sowie als Schutz vor Feuchtigkeit, Schmutz und Fett.

Dekorlack

Dekor- oder Plakalack in Gold und Silber gibt es im Schreibwarenhandel (zum Beispiel von Pelikan oder Marabu). Der Lack ist wasserlöslich und lässt sich hervorragend mit anderen Farben, zum Beispiel Wasserfarben, mischen.

Grünes und braunes Ostergras

gibt es vor allem in der Vorosterzeit in vielen Läden zu kaufen. (Siehe hierzu auch Tipp auf der Innenseite des Umschlags.)

Schleifpapier

ist im Baumarkt erhältlich. Es gibt verschieden gekörnte Oberflächen. Vor allem beim Bemalen mit Wasserfarben ist es ratsam, Plastikeier mit einem feinkörnigen Schleifpapier etwas aufzurauen, da so die Farbe besser haftet. Wenn ein Ei mit Plakalack bemalt wird, ist ein Aufrauen nicht nötig.

Wasserfarben

werden von verschiedenen Firmen in Einzelbehältern oder im Malkasten mit sechs, zwölf oder 24 unterschiedlichen Farben angeboten. Die Farben lassen sich mit Wasser und Pinsel auftragen und sind auswaschbar. Sie eignen sich zum Bemalen von allen möglichen Oberflächen.

Filzstifte

gibt es im Schreibwarenhandel in verschiedenen Dicken. Wer sich neue Filzstifte anschafft, nimmt am besten Duo-

Servietten oder Krepppapierstücke

eignen sich besonders zum Bekleben von Plastikeiern, die nicht aufgeraut werden. Die Eier werden dann nach dem Trocknen bemalt.

Schaschlikstäbchen

sind im Lebensmittelladen erhältlich. Sie sind etwas dicker als Zahnstocher und etwa 20 cm lang. Die Eier beim Bemalen auf ein Schaschlikstäbchen stecken. Damit werden Fingerabdrücke auf dem Ei und verschmierte Finger vermieden.

Eierschachteln

fallen genügend beim Einkauf von Hühnereiern an.

Kleine Glasperlen

gibt es in verschiedenen Größen und Farben im Bastelgeschäft zu kaufen. Sie sind kleberbeständig und färben bei Kontakt mit Flüssigkeit nicht ab.

Streusel

in eine kleine Schüssel schütten und dann das Ei darin wälzen. Die Finger bleiben so weitgehend frei von Klebstoff.

Kuller- oder Wackelaugen

aus Plastik mit beweglichen Pupillen sind in verschiedenen Größen (rund oder oval) erhältlich.

Flüssigkleber

ist ein schnell trocknender, wasserfester Klebstoff mit Lösungsmitteln. Es gibt ihn auch ohne Lösungsmittel. Mit lösungsmittelfreiem Kleber gebastelte Dinge halten jedoch nicht so gut und das geklebte Papier wellt sich.

Der Umgang mit Klebstoff sollte nur unter der Anleitung eines Erwachsenen erfolgen. Den Kindern deutlich machen, ob ein Klebepunkt an einer bestimmten Stelle genügt oder ob die ganze Fläche mit Klebstoff eingestrichen werden soll.

Papierkleber

gibt es in verschieden großen Tuben. Er eignet sich für die meisten Papiersorten. Die geklebten Flächen sind nicht so belastbar wie mit Flüssigkleber geklebte Stellen.

Nylonfaden

ist auf Spulen erhältlich. Der Nylonfaden eignet sich als Aufhänger und Verbindung zwischen einzelnen Basteleien.

Ringelband

dient als dekorative Aufhängemöglichkeit. Es ist in vielen verschiedenen Farben erhältlich.

Aufhänger für Ostereier
sind in Bastelgeschäften, abgepackt zu 50 Stück, erhältlich.

Sechslochzange
ist eine Revolverlochzange mit sechs auswechselbaren Lochpfeifen von 2 bis 4,5 mm Durchmesser.

Bastelmesser oder Cutter
ist ein Sicherheitsmesser mit rasiermesserscharfer Klinge für Papier, Karton oder Moosgummi. Wenn das Messer nicht mehr gebraucht wird, lässt sich die Klinge in den Schaft einziehen.

Scheren
müssen immer gut geschliffen sein. Das ist eine Grundvoraussetzung für das Basteln, denn mit unscharfen Scheren reißt das Papier leicht ein und es gelingen keine sauberen Kanten. Oft ist es einfacher, die Formen mit einem Cutter auszuschneiden. Der gehört aber nie in die Hände von Kindern.

Den Kindern genaue Anweisungen geben, wo sie schneiden sollen: »Schneide auf dieser Linie bis zum Strich.« Die Schnittlinien deutlich vormalen. Bei hellem Papier mit dunkler Farbe, bei dunklem Papier mit heller Farbe die Linien aufzeichnen.

Büroklammern
leisten gute Hilfsdienste. Mit ihnen können viele Materialien fixiert werden und ein langwieriges Festhalten wird somit erspart.

So werden die Vorlagen übertragen

Legen Sie Transparentpapier auf die Vorlage. Zeichnen Sie dann alle Linien mit einem Bleistift nach. Dann das Transparentpapier wenden, auf das Bastelpapier legen und alle Konturen noch einmal nachzeichnen. Die Bleistiftlinien werden auf der Unterlage sichtbar.

Falls Sie eine Schablone herstellen wollen, pausen Sie die benötigten Formen vom Vorlagenbogen ab, übertragen diese auf etwas festeres Papier oder auf dünne Pappe und schneiden diese anschließend aus. (Transparentpapier und Bleistift werden bei den Objekten in der Materialangabe nicht mehr extra angeführt.)

Fensterbaum mit Hühnerfamilie

Auch wenn der Boden zum Scharren und Wurmpicken fehlt, Hahn, Henne & Co. scheinen sich in luftiger Höhe sehr wohl zu fühlen.

Das wird gebraucht

Fensterbaum (Friesenbaum)
4 Überraschungseier
1 weißes Plastikei
1 Styroporei
braunes Ostergras
Wasserfarben
Pinsel
rotes Tonpapier
Ostereiaufhänger
Nylonfaden
Kulleraugen
weiße, gelbe und bunte Federn
Nähnadel
Schere
Flüssigkleber

So wird's gemacht

Den Fensterbaum (auch Friesenbaum genannt) nach Anleitung zusammen-bauen und eventuell an den Kreuz-stellen etwas mit Klebstoff fixieren. Die Querstäbe des Fensterbaumes mit braunem Ostergras bekleben.

Das weiße Styroporei für den Hahn wird mit brauner oder grüner Wasserfarbe bemalt. Dies schaffen Kinder schon alleine. Es ist ratsam, das Ei einen Tag vor dem Weiterverarbeiten mit Wasser-farbe zu bemalen, dann ist die Farbe gut angetrocknet.

Für die Henne und den Hahn jeweils den Kamm, den Schnabel und den Kehl-lappen (nur für den Gockel) von der Vor-lage übertragen und ausschneiden. Den Ostereiaufhänger in das Loch des Plastikeies stecken und eventuell etwas mit Kleber fixieren. Beim Styroporei wird der Aufhänger nur in das Ei ge-steckt. Den Nylonfaden in der Länge des Abstandes zwischen den Stäben des Friesenbaumes abschneiden.

Den Kamm von Hahn und Henne je-weils über die Ansatzstelle des Aufhän-gefadens kleben, Augen, Schnäbel und beim Gockel den Kehllappen anbringen. Falls die kleinen Kinderhände hier noch nicht richtig koordinieren können, hel-fen große Hände etwas nach.

Die Henne wird mit weißen Federn, der Hahn mit bunten Federn geschmückt.

In die Überraschungseier mit einer heißen Nadel (über eine Flamme halten) ein Loch stechen und den Ostereiaufhänger anbringen. Achtung: Kinder nie alleine mit offener Flamme hantieren lassen!

Der Nylonfaden kann aber auch zwischen die beiden Eiteile geklebt werden.

Die Küken bekommen kleinere Kulleraugen, die Schnäbel sind ebenfalls etwas kleiner. Die kleinen Hühner werden rundherum mit gelben Federn beklebt.

Die Henne, den Hahn und die Küken in beliebiger Anordnung am Fensterbaum befestigen.

Durch den Längsstab des Fensterbaumes einen Nylonfaden oder ein farblich passendes Ringelband als Aufhänger ziehen.

• Tipp •

Wer keine Ostereiaufhänger verwenden möchte, kann einen Nylonfaden um ein halbiertes Streichholz wickeln, etwas mit Klebstoff fixieren und in das Loch im Ei stecken. Bei Styroporeiern wird das Streichholz direkt in das Material gesteckt.

Küken

Ob aus den bunten Eiern wohl noch ein paar Spielgefährten schlüpfen werden?

Das wird gebraucht

Watteei
gelbe Wasser- oder Fingerfarbe
Pinsel
roter Fotokarton
Kulleraugen
gelbe Federn
Schere
Flüssigkleber

So wird's gemacht

Das Watteei mit der gelben Wasser- oder Fingerfarbe bemalen und trocknen lassen (siehe »Tipp« auf Seite 16).

Während die Farbe trocknet, werden Schnabel und Füße ausgeschnitten. Dazu die Teile von der Vorlage abpausen und auf den roten Fotokarton übertragen. Diese Arbeit kann bereits von ganz jungen »Künstlern« übernommen werden.

Das Ei auf die Füße stellen und festkleben, den Schnabel und die Kulleraugen ebenfalls mit etwas Kleber betupfen und ankleben.

Die Federn so zuschneiden, dass zwei etwas längere Stücke als Flügel und ein kürzeres Stück als Kopfschmuck angebracht werden können. Nicht zu viel Klebstoff verwenden, sonst verkleben die Federn.

Streuselei

Diese kunterbunten Eier sehen zum Reinbeißen süß aus.

Das wird gebraucht

Plastikei
bunte Zuckerstreusel
kleine Schüssel
Ostereiaufhänger
Ringelbänder
Schere
Flüssigklebstoff

So wird's gemacht

Die Zuckerstreusel in eine kleine Schüssel schütten. Den Eiaufhänger anbringen.

Das Ei stückweise mit reichlich Klebstoff bestreichen und in die Streusel tauchen. Achtung, die Streusel färben ab, wenn sie feucht werden. Falls noch Lücken vorhanden sind, diese mit Klebstoff bestreichen und die Streusel auf die kahlen Stellen streuen.

Während der Klebstoff antrocknet, zwei verschiedenfarbige Ringelbänder in der Mitte teilen oder dritteln und auseinander ziehen, so dass schmale Bänder entstehen. Die Bänder durch das Loch des Aufhängers fädeln und etwa 4 cm vor dem Ende miteinander verknoten.

Die Enden der Bänder über eine Schere oder ein Messer ziehen, damit sie sich kräuseln.

Beim Herstellen dieser Ostereier ist die Hilfe von Erwachsenen gefragt.

● Tipp ●

Besonders dekorativ sehen Ringelbänder in den Farben der Zuckerstreusel aus.

Marienkäfer

So ein großer Marienkäfer bringt bestimmt besonders viel Glück...

Das wird gebraucht

Watte- oder Styroporei
scharfes Messer
rote und schwarze Wasserfarbe
dicker und dünner Pinsel
grüner Fotokarton
Lochzange
Nylonfaden
Schere
Flüssigklebstoff

So wird's gemacht

Das Ei mit einem scharfen Messer der Länge nach halbieren. Das muss wegen der Verletzungsgefahr ein Erwachsener übernehmen.

Mit roter Wasserfarbe nur die Wölbung des Eis, nicht die Schnittstelle, bemalen.

Das Blatt von der Vorlage auf den grünen Fotokarton übertragen. Beide Arbeitsgänge können geschickte Kinder gut alleine erledigen.

Wenn der Käfer getrocknet ist, wird er auf das Blatt geklebt. Mit einem dünnen Pinsel und schwarzer Wasserfarbe die Beine, die Flügel, die Punkte auf den Flügeln sowie Kopf und Fühler aufmalen.

Zum Schluss mit der Lochzange ein Loch in die Blattspitze zwicken und den Nylonfaden als Aufhänger durchziehen. Diesen Arbeitsgang übernimmt ein Erwachsener, da viele Kinder dafür noch nicht kräftig genug sind.

• Tipp •

Als Erstes das halbierte Ei mit viel Farbe und wenig Wasser bemalen und gut trocknen lassen. Das nasse Watteei nicht anfassen, sonst bleiben kleine Wattestücke an den Händen kleben. Auch bei einem Styroporei ist es ratsam, die Farbe bereits einige Zeit vor dem Weiterverzieren aufzutragen, um Fingerabdrücke zu vermeiden.

Küken im Ei

Kuckuck, da bin ich! Hast du schon auf mich gewartet?

Das wird gebraucht

Unterteil einer Eierschachtel
Watteei
Tacker
evtl. Deckweiß
gelbe Wasser- oder Fingerfarbe
Pinsel
rotes Tonpapier
Kulleraugen
Schaschlikstäbchen
Schere
Flüssigkleber

So wird's gemacht

Von einer Eierschachtel zwei Ecken abschneiden und an der Rückseite zusammentackern. Das sollte ein Erwachsener übernehmen.

Die Schachtel, falls es keine weiße Eierschachtel ist, mit Deckweiß bemalen.

Solange das »Ei« trocknet, wird das Küken vorbereitet. Das Watteei mit gelber Wasser- oder Fingerfarbe bemalen und gut trocknen lassen.

Den Schnabel von der Vorlage auf das rote Tonpapier übertragen und ausschneiden. Auf das Ei die Kulleraugen

und den Schnabel kleben. Diese Schritte können problemlos von Kindern ausgeführt werden.

Das Schaschlikstäbchen durch den unteren Teil des Eierkartons stechen, das Küken draufsetzen. Eventuell mit etwas Klebstoff fixieren, damit es besser hält und bei Bewegungen nicht sofort herausfällt.

Wenn das Stäbchen nach oben geschoben wird, öffnet sich das Ei und das Küken lugt heraus, wenn es nach unten geschoben wird, schließt sich das Ei.

● Tipp ●

Fingerfarbe ist dickflüssiger als Wasserfarbe. Sie muss nicht mit Wasser verdünnt werden und weicht das Material nicht so auf. Vor allem deckt sie den Untergrund besser ab. Die Farbe am besten einen Tag vor der geplanten Bastelarbeit auftragen, damit sie gut getrocknet ist, wenn das Ei später angefasst wird.

Ostereipuzzle

Hier wird ein ganz ungewöhnlicher Umgang mit dem Ei verlangt: Die Schalenteile werden zur Abwechslung mal nicht abgepellt, sondern zusammengesetzt.

Das wird gebraucht

Weißer Fotokarton
bunte Filzstifte oder farbige Papierreste
schwarzer Filzstift
Schere
Flüssigkleber

So wird's gemacht

Das Ei von der Vorlage auf den weißen Fotokarton übertragen.

Je nach Belieben mit Filzstiften bemalen oder mit buntem Papier bekleben.

Nach dem Verzieren den Text auf das Ei schreiben und die Einladung in beliebig viele Teile zerschneiden. Die Teile dürfen aber nicht zu klein ausfallen, sonst besteht die Gefahr, dass sie verloren gehen.

Die Anzahl der Eiteile hängt davon ab, ob ein Kind oder ein Erwachsener die Einladung bekommt und zu einem Puzzle zusammenfügen muss.

Die meisten dieser Bastelschritte können von den Kindern alleine bewältigt werden. Der Text muss von einem Erwachsenen geschrieben werden.

● Tipp ●

Beim Verzieren des Eies helle Farben verwenden, sonst ist der Text darauf nur schwer lesbar.

Ein Küken schlüpft aus dem Ei

Die Geburt eines Kükens ist immer wie ein kleines Wunder.

Das wird gebraucht

Weißer, roter, brauner und gelber Fotokarton
schwarzer Filzstift
Kulleraugen
braunes Ostergras
Lochzange
Nylonfaden
Schere
Flüssigklebstoff

So wird's gemacht

Aus dem weißen Fotokarton die Eier herstellen. Insgesamt werden sechs Stück benötigt. Das erste und das zweite Ei werden nur einmal gebraucht. Auf das zweite Ei werden mit dem schwarzen Filzstift die Bruchstellen aufgemalt.

Für das dritte Ei werden zwei Eiformen benötigt. Die Bruchstelle aufmalen und an der Linie entlang ausschneiden.

Das halbe Küken auf den gelben Fotokarton übertragen, ausschneiden und zwischen die beiden unteren Eihälften kleben, d.h. es wird eine Ober- und eine

Unterseite benötigt. Eine Seite des Eioberteils wird nun hinter den Kopf, die andere Seite auf den Kopf geklebt.

Für das vierte Ei wird nur der untere Teil benötigt. Diesen zweimal ausschneiden. Das ganze Küken ausschneiden und zwischen die beiden Unterteile kleben. Die Kulleraugen aufkleben, ebenso den Schnabel. Alle Ausschneidearbeiten können von den Kindern übernommen werden.

Als Letztes ist das ganze Küken zu sehen, die Augen und den Schnabel anbringen, den Boden aus braunem Fotokarton zweimal von der Vorlage übertragen und ausschneiden. Beide Teile mit Klebstoff bestreichen und das braune Ostergras aufkleben.

An den Eiern wird oben und unten ein Loch mit der Lochzange angebracht, nur beim unteren Küken wird lediglich am Kopf ein Loch gezwickt. Die Teile mit Nylonfaden verbinden.

Zimmerschmuck Henne mit Eiern

Die Henne muss noch viele Eier legen, damit der Osterhase genug zu tun hat.

Das wird gebraucht

Oranger und weißer Fotokarton
Bastelmesser
Filzstifte
Nylonschnur
Lochzange
Schere
Flüssigkleber

So wird's gemacht

Die Henne von der Vorlage zweimal auf den orangen Fotokarton übertragen.

• Tipp •

Mit Bastelfedern beklebt, wird das Küken zum richtigen Kuscheltierchen.

Das Oberteil der Henne drauflegen. Dabei genau darauf achten, dass die Teile deckungsgleich aufeinander liegen.

Nun wird mit jedem Ei gleich verfahren: Das Unterteil kommt unter die Schnur, das Oberteil auf die Schnur.

● Tipp ●

Die Eier können auch aus Fotokarton in verschiedenen Farben hergestellt werden.

Je mehr Eier unter der Henne baumeln, desto dekorativer sieht dieser Schmuck aus.

Dann wird von einem Erwachsenen mit dem Bastelmesser in der Mitte das Oval für das Ei herausgeschnitten.

Auf den weißen Fotokarton die Eier übertragen. Für jedes Ei wird ein Ober- und ein Unterteil benötigt.

Jedes Ei auf der Vorder- und der Rückseite mit Filzstiften verzieren. Das Ausschneiden und Verzieren der Eier schaffen schon ganz junge »Künstler«.

Die Unterseite der Henne mit Flüssigkleber bestreichen und die Nylonschnur drauflegen. In der Mitte des Körpers eine Eihälfte unter die Schnur, die andere Eihälfte auf die Schnur legen.

Moosgummieier

Auch die Jüngsten wollen bei der Dekoration des Osterstraußes mitwirken. Diese Bastelei eignet sich schon für »Mini-Künstler«.

Das wird gebraucht

Moosgummi in verschiedenen Farben
vorgestanzte Moosgummiteile
fester Karton
Stift
Nylonfaden
Lochzange
Schere
Flüssigkleber

So wird's gemacht

Das Ei von der Vorlage auf festen Karton übertragen, da die Form mehrmals gebraucht wird. Mit Hilfe dieser Schablone nun beliebig viele Moosgummieier  herstellen. Dabei spielt es keine Rolle, welche Farbe genommen wird, denn der Osterstrauß wirkt umso dekorativer, je bunter die Eier sind.

Mit den Kindern zusammen den Flüssigkleber auf das Ei tupfen. Die vorgestanzten Moosgummiformen können anschließend von den Kindern alleine aufgeklebt werden.

Kresseköpfchen im Ei

Das Kresseköpfchen schmückt unseren Ostertisch und wir bekommen gleich noch Vitamine mitgeliefert.

Das wird gebraucht

Eierschalenhälfte eines rohen Eies
Wasserfarben oder Filzstifte
Klarlack
Flasche
Fotokarton
evtl. Büroklammer
Blumenerde oder Watte
Kressesamen
Schere
Kleber

So wird's gemacht

Die Eierschalenhälfte vorsichtig auswaschen und abtrocknen. Es dürfen keine Eiweißreste mehr vorhanden sein.

Das Ei mit den Filzstiften oder mit Wasserfarben bemalen und mit Klarlack lackieren. Lack sollte nicht in Kinderhände gegeben werden.

Die bemalte und lackierte Eihälfte zum Trocknen über einen Flaschenhals stülpen.

Bis der Klarlack getrocknet ist, wird der Ständer für das Ei gebastelt. Dafür einen Fotokartonstreifen etwa 3 cm breit und 14 cm lang zuschneiden (siehe Vorlage). Helle Farben wie Rot oder Gelb sehen besonders dekorativ aus. Den Streifen am Ende zusammenkleben, eventuell mit einer Büroklammer fixieren. Wer möchte, kann den Eierständer ebenfalls verzieren.

In die Eihälfte etwas Blumenerde geben und den Kressesamen daraufstreuen. Nun die Eieinlage befeuchten. Nicht zu stark gießen, damit die Erde nicht schimmelt.

Innerhalb von zwei Tagen sind schon die ersten Keimlinge zu sehen.

Für das Bemalen eines rohen Eies sollten die Kinder etwas älter sein, für jüngere Kinder ist das Bemalen roher Eierschalen mit Filzstiften zu kompliziert.

Plastikeier, die für die ganz Kleinen bestens geeignet sind, können für diese Bastelei mit einer Säge halbiert werden.

● Tipp ●

Wer keine Blumenerde im Haus hat, kann den Kressesamen auch auf Watte oder auf ein Stück Haushaltsflies streuen.

Fantasievögel

Diese flauschigen Piepmätze sind schön zum Ansehen und Anfassen.

Das wird gebraucht

Weißer Fotokarton
rotes Tonpapier
Kulleraugen
Lochzange
Nylonfaden
Federn in beliebigen Farben
Schere
Flüssigklebstoff

So wird's gemacht

Die Körperform von der Vorlage auf den weißen Fotokarton übertragen und ausschneiden. Dann den Schnabel aus dem roten Tonpapier zuschneiden. Die Kulleraugen und den Schnabel aufkleben.

Das Loch für den Aufhänger stanzen und die Nylonschnur durchziehen. Den Körper des Vogels mit Flüssigklebstoff bestreichen und die Federn ankleben. Mit der Rückseite ebenso verfahren. Nicht zu viel Klebstoff verwenden, die Federn wirken sonst unansehnlich.

All diese Handgriffe – bis auf das Ausschneiden des Vogelkörpers und das Stanzen des Loches – können schon die jüngsten Kinder alleine ausführen.

Eierfrösche

Aus Froscheiern sind hier drei lustige Eierfrösche entstanden.

Das wird gebraucht

Weißes Plastikei
feinkörniges Schleifpapier
grüne Wasserfarbe
Pinsel
Schaschlikstäbchen
Klarlack
grüner Fotokarton
Kulleraugen
Schere
Flüssigkleber

So wird's gemacht

Die Wasserfarbe haftet besser auf dem Ei, wenn die Oberfläche mit einem feinkörnigen Schleifpapier angeraut wurde. Das Plastikei mit grüner Wasserfarbe bemalen. Dazu das Ei auf ein Schaschlikstäbchen spießen, um Fingerabdrücke zu vermeiden.

Wenn die Farbe getrocknet ist, das Ei mit Klarlack bestreichen.

Den Körper des Frosches von der Vorlage auf den grünen Fotokarton übertragen und ausschneiden. Auf dem trockenen Ei die Augen anbringen. Anschließend das Ei auf den Körper kleben.

Die Kinder können das Ei alleine anmalen, das Lackieren sollte allerdings ein Erwachsener übernehmen. Für das Ausschneiden des Körpers ist ebenfalls, je nach Alter des Kindes, die Hilfe eines Erwachsenen nötig.

● **Tipp** ●

Wenn mehrere Frösche gebraucht werden, zum Beispiel für eine Tischdekoration, empfiehlt es sich, mit einer Schablone zu arbeiten. Aus blauem Tonpapier oder Fotokarton können zusätzlich kleine Teiche geschnitten werden. Die Wellen mit dunkelblauem Filzstift andeuten. So können sich die Frösche im Trockenschwimmen üben...

Osternest

In diesem bunten Osternest haben viele Eier, Schokoladenhasen und andere Überraschungen Platz.

Das wird gebraucht

Fotokarton oder Tonpapier in verschiede-
nen Farben
fester Karton
Käseschachtel
Tacker
Schere
Klebstoff

So wird's gemacht

Das Ei von der Vorlage auf festen Karton übertragen, ausschneiden und auf den gelben, roten, blauen, grünen usw. Foto-karton zeichnen.

Für den Tragegriff des Osternestes einen Streifen von etwa 2 mal 40 cm herstel-len und mit zwei bis drei Heftklammern auf jeder Seite an der Käseschachtel be-festigen, bevor die Eier fixiert werden.

Die Eier ausschneiden und um die Käse-schachtel kleben. Das schaffen schon die Jüngsten, denn es spielt keine Rolle, ob die Eier ganz exakt ausgeschnitten werden. Die Eier können nach Belieben mit bunten Mustern verziert werden.

Die Deutsche Bibliothek – CIP-Einheitsaufnahme

Ein Titeldatensatz für diese Publikation ist bei
Der Deutschen Bibliothek erhältlich.

Fotografie: Klaus Lipa, Diedorf bei Augsburg
Lektorat: Susanne Gugeler, Mering
Umschlaglayout: Karin Kristen
Reihenkonzeption: Kontrapunkt, Kopenhagen
Layout: Anton Walter, Gundelfingen

AUGUSTUS VERLAG, München 2001
© Weltbild Ratgeber Verlage GmbH & Co. KG.

Satz: Gesetzt aus 9,5 Punkt The Sans von
DTP-Design Walter, Gundelfingen
Reproduktion: kaltnermedia GmbH, Bobingen
Druck und Bindung: Offizin Andersen Nexö, Leipzig

Gedruckt auf 135 g umweltfreundlich chlorfrei
gebleichtes Papier.

ISBN 3-8043-0931-3

Printed in Germany